살아있다는
하나만으로도

살아있다는
하나만으로도

김억수 시집

그림과책

| 시인의 말 |

  이 땅에 태어났을 때의 기억은 없지만 분명한 것은 세상에서 유일하게 단 하나뿐인 '나'라는 모습이었으리.
  따사로운 봄날 환하게 피어나는 꽃과 재잘거리는 새들,
  냇가의 작은 물고기와 물장구치며 보낸 나의 유년 시절은 예쁘고 천진나만한 모습 그 자체였으리
  세월이 한참 흐른 언제부턴가 비바람에 폭풍우가 몰아치고 혹독한 눈보라 속을 지나며 오직 살기 위한 몸부림으로 본래의 모습은 변하고 퇴색하기 시작했지.
  봄·여름·가을·겨울을 헤일 수 없는 시간을 돌고 돌아 살아온 삶을 되돌아보니 그때 조금 더 잘할 걸, 더 열심히 할 걸.
  인생은 세월이 지난 뒤 후회하면서 사는 것이 삶이라지만 지금와 생각하니 아쉬움이 넘친다.
  이제 황혼기의 삶을 살며 어떤 것으로 나를 채워가야만 하는 것일까?
  지나온 날보다 남은 날들이 더 적음 속에서 살아온 삶에 대한 첫 시집 발간을 통해 조금이나마 되돌아보는 시간을 갖게 된 것이 참 다행이다. 남은 생을 좀 더 아름답게 살려고 노력해야겠다는 생각으로 살아있다는 하나만으로도 감사하고 잘 살아야겠다는 마음으로 이 시집을 낸다.

2025년

김 억 수

| 차례 |

5 시인의 말

1부
사랑으로 하나 되어
가보지 않은 길을 함께 나섰습니다

18 나는
19 한 끼 밥상의 고마움
20 부부
22 모기장의 행복
24 당신께 드리는 말
26 둘만의 여행
27 탄생
28 나의 선생님
30 바보
32 부탁
34 손님맞이
36 나이 드니
38 하나 때문에
39 함께
40 어제와 오늘의 차이
41 겨울 추억
42 아버지의 기억
43 보고픈 당신

44　얼굴이 행복해 보인다는 것은
45　어머니
46　길이 되는 사람

2부
차고 넘치면 후회하는 것이 삶이기에
살면서 모든 것을 가득 채우려 하지 마세요

50 따뜻한 이불이 되자
51 가득 채우지 마세요
52 해바라기 사랑
54 나의 위로
55 오늘
56 중년의 마음
57 혼자 살 수 없다
58 꿈이 있어야 산다
60 내 마음 나도 몰라
62 살아있다는 하나만으로도
64 사람아
66 어느 날 문득
68 좋은 생각
70 동행
72 누구를 만난다는 것
73 인생길
74 의자
76 나다워야
77 검정 고무신

78　자유
79　기도
80　차이의 인정
82　겨울 끝자락에서
84　선행

3부
인생은 덜컹거리며 사는 것이다

- 88   안타까움
- 89   왜?
- 90   봄을 기다리는 이유
- 91   빈 차
- 92   내 몸에게
- 93   너무 열심히 살지 마라
- 94   손톱만큼
- 95   커튼
- 96   해야 할 일은 하라
- 97   기분 좋은 삶
- 98   비누
- 100   한숨과 기쁨
- 101   절망과 희망
- 102   인생은 덜컹거리며 사는 거다
- 103   그때는 왜 그랬을까?
- 104   믿음
- 106   누구나 외롭다
- 107   삶
- 108   우리 이렇게 살아가요
- 109   살다 보면

110   성공으로 가는 길은 공사 중이다
111   삼세번

4부
자연은 나의 스승이다

- 114 사계四季의 노래
- 116 봄을 기다리는 마음
- 118 봄은 당신 때문에 왔습니다
- 119 폭포
- 120 산에 올라와 보니
- 122 아카시아 꽃
- 124 고목古木
- 126 클로버잎
- 128 매미
- 129 약속
- 130 반딧불이
- 132 도토리의 마음
- 134 달맞이꽃
- 135 성장
- 136 가을아!
- 137 꽃잎
- 138 슬픔
- 140 아름다운 잎들
- 141 가을 속으로
- 142 가을에는
- 144 호~
- 145 겨울 찬가

5부
그리움으로 아픔이 치유되고
고통이 사라지고 웃음이 가득하고 기쁨이 넘치도록

- 148 술
- 150 미련
- 152 하모니카 소리
- 153 남아있는 것들
- 154 새해
- 155 겨울 감성
- 156 어릴 적 살던 집

6부
그래도 못다 한 말

160 첫눈
161 아침 해 1
162 아침 해 2
163 구름
164 흙
165 마음 가는 대로
166 꼭 말을 해야 하나요
167 해바라기 들판
168 당신 생각
169 기다림은
170 사랑은
171 내가 부탁하고 싶은 것은
172 동그라미
173 두 생각
174 그런 사람
175 이유
176 참 좋다
177 산
178 아름다움이란

179   둘의 이유
180   나의 소망
181   꽃을 피우는 이유
182   모자

184   해설

1부

사랑으로 하나 되어
가보지 않은 길을 함께 나섰습니다

하늘의 태양이 저토록 뜨거운 건
이글거리는 정열의 마음을 주려고
너를 바라보고 있기 때문이다

나는

하늘에서
뚝 떨어졌나

땅에서
쏙 솟아올랐나

아니, 울 엄니가
열 달 고생하셔서
나 태어났지

한 끼 밥상의 고마움

이른 아침
빼꼼히 열린 창문으로
맛있는 바람이
긴 잠을 깨웁니다

당신은 오늘도
정성스럽게 한 끼
밥상을 준비합니다

다들
매일 차려지는 밥상이라
으레 그러려니 하며
맛있게 먹습니다

문득 생각하니
우리 가족 모두는
당신의 수고로움과 고마움을
그동안 말없이 지나쳤네요
정말, 미안해요

부부

어느 하늘 아래
동아줄 같은 인연의 끈이 닿아
사랑으로 둘이 하나 되어
가보지 않은 길을 함께 나섰습니다

힘들고 어렵게
아이 낳아 기르며
험한 가시덤불 길도 함께 헤치며
힘든 줄 모르고 걸어갔습니다

꽤나 긴 시간 동안 둘은 온몸이 가시에
찔리고 찢겨 피가 철철 흘러도
힘든 내색 없이 기쁜 마음으로
살아왔습니다

세월이 흘러 돌아보니
지나온 상처가 너무 커 비록
몸에 흉터 자국 된 부분도 있지만
가슴에 깊이 새겨진 추억을 보며
함께 미소 짓습니다

오늘도 둘은
자신들의 걱정보다
자식들 걱정보따리를 먼저
쏟아 놓습니다

모기장의 행복

어느 늦은 겨울날 아침
모기들의 급습으로
잠을 이룰 수 없다고 성화다

모기들이 시도 때도 없이
사계절 내내 윙윙거린단다

의술이 좋아져 인간의 장수는 당연하지만
불청객 모기까지 생명력이 길어져
때아닌 계절에도 집에 모기가 득실거린다니
그것도 유독 어머니 방 한 곳에만 살고 있단다

그런 성화에 못 이겨
방안에 모기의 방어벽이 쳐지고
방주인은 염원이 이루어짐에 감사하며
그날 밤은 집안에 평화가 찾아왔다

누구나 어릴 적 특별한 날에
새 신발, 새 옷을 선물 받고
마냥 신났듯이

새로운 공간에서 하룻밤을 지낸 방주인은
모기장 덕에 편히 숙면했다고 애들처럼
연신 자랑을 쏟아내며 기뻐한다

그렇게 모기를 퇴치한 어머니의 얼굴은
환한 행복으로 가득 차 있지만
나의 가슴은 불쑥 먹먹해진다

당신께 드리는 말

오늘 아침 떠오르는 태양을
유난히 뚫어지게 바라보는 것은
한해가 오기 때문입니다

달력 한 장 달랑 넘겼는데
어제는 지난해, 오늘은 새해

집 앞 무심히 서 있는 나무도
얼떨결에 나이테 하나 커지고

그 덕에 나도 한 살 또 먹었지만
한두 번 먹는 나이가 아니라서
그저 그러려니

한때 피 끓는 젊은 청춘이
있었다는 것만 기억할 뿐…

단지, 올 한 해 나의 소망은 앞마당에
자그마한 꽃 화단 만들어 예쁘게 가꾸며
살고 싶은 마음 하나

화단에 꽃이 화사하게 가득 피면
당신은 이 계절을 화폭에 담고
나는 하모니카를 연주해야지

또 넘쳤던 마음 모두 비우고
소박함만 다시 채우며
살고 싶은 마음 둘

그러면서 저 강물처럼
유유자적 흘러가고 싶은 마음

가다가 힘들면 털썩 주저앉아 수다를 떨면서
세월아 네월아 가고 싶을 뿐

둘만의 여행

햇살이 따사로이 내리는 겨울날 아침
집안이 분주하다

모처럼 아버지와 둘이서
서울로 여행 가는 날이다

비록 여행의 목적지가 병원이라 슬프지만
자식인 내가 동행할 수 있어 그나마 다행이다

부자지간 여행의 기억을 더듬어 본다
가물가물 아련히 생각으로만 스쳐 갈 뿐이다

병실에서 둘만의 무뚝뚝한 시간 속 침묵만 흐르고
간간이 병원 얘기만 주고받는 가운데
정신없이 며칠이 훌쩍 흘러간다

아버지가 어서 건강을 되찾아 머지않은 날
둘만의 진정한 여행을 하며 가슴 깊이 담아 두었던
진솔한 얘기를 밤새워 나눠보고 싶다

탄생

듣기만 해도 활화산이
솟구치는 모습이 보입니다

글자만 봐도 사막에서
오아시스를 발견한 것 같습니다

생각만 해도 가슴이 뭉클함에
뭐라 표현을 못 하겠습니다

그래서 숨 쉬는 것조차
조심해야겠다는 마음가짐입니다

나의 선생님

'학교 종이 땡땡땡 어서 모이자
선생님이 우리를 기다리신다'

어릴 적 학교 가면 반겨주던
선생님의 환한 미소가 불쑥 떠오른다

지금은 강산이 수차례 변하여
내게 남은 것은 커진 나이테뿐

긴 세월 힘들었던 삶의 여정에도
올바른 길로 인도해 주신
정신적 지주 나의 선생님

하늘 같은 감사와 존경의 마음 담은
예쁜 카네이션 한 송이를
가슴에 꼭 달아드리고 싶다

내게 남은 생을 설계하며
살아가야 할 날들을 더 열심히
더 아름답게 사는 것이 은혜에
보답하는 길이라는 걸 이제야 알았다

문득 나의 선생님은 천둥 치고
비바람 휘몰아친 뒤 맑은 하늘 저편에
은은하게 비추는 일곱 빛깔 무지개처럼
동화책 속 주인공으로 남아 있길 소망해 본다

바보

사는 동안 아린 추억 하나
가슴에 묻은 것이 무엇이냐 물으면
나는 어머이이시라고 대답할 것이다

지금은 연로하신 탓에
귀는 어두워 소통도 어렵고
이는 시원찮아 드시는 것도 온전치 못하고
인지 기능도, 정신 기능도 약해졌고
건강한 곳보다 아픈 곳이 더 많으시다

그래도 당신 것은 뒷전이고
가족들이 우선이며
환갑이 지난 자식들을 철부지라 여겨
근심 걱정이 끊일 날 없다

오늘 아침 밥상 앞에서
안타까운 마음으로 어머니를 바라보며
앳되고 예뻤던 모습으로 돌려주고 싶은 마음이
불쑥 드는 건 왜일까?

아직도 지워지지 않는

옛날 옛적의 추억을 그리워하며
바라볼수록 보고 싶은 분인 영원한 바보
당신은 진정 나의 어머니시다

부탁

바람아!
산들바람아!
살랑살랑 바람아!

이 세상 초보인 우리 손주
잠 깨어 울면 방긋 웃게
잼잼 놀아주고

맏며느리인 내 짝꿍에게
아프지 말고 잘살자는 말
꼭 좀 전해주고

시집간 예쁜 두 딸
알콩달콩 사는 모습
쉼 없이 전해주고

연로하신 어머니, 아버지로
걱정인 내 마음을
위로 좀 해주오

손님맞이

오늘따라 어두운 밤을
몽땅 모아다 놓았는지
날 샐 줄 모른다고 성화다

유난히 일찍 일어나
전등불이 켜지며 집안에
아침이 먼저 찾아왔다

새벽부터 거실에는
내무 사열하는 날인지
청소기 소리 요란하고

적막강산 어둠을 털고
주방은 잔칫집인 양
음식 준비로 분주하며

아침 까치는 들으라는 듯
창문가 나뭇가지에 걸터앉아
소리 높여 울어댄다

예로부터 전해오는 얘기로

아침부터 까치가 울면
귀한 손님이 찾아온다는데

오늘 우리 집에
백년손님 온다는 걸
너는 어찌 알았을까

나이 드니

나뭇잎마다 울긋불긋 눈부신 단풍으로 물들고
들녘 바다는 황금물결로 넘실대는 가을이 왔다

계절의 입새에 태풍이 세 번이나 찾아와
많은 피해를 입히며 깊은 상처를 주고 떠나갔다

한편으로 어수선한 사회 분위기 탓에
이런저런 일로 사람들의 마음이 편치 않다

풍요로워야 하는 가을 속에 안타깝게
내 마음도 근심의 단풍이 붉게 물든다

멀리 떨어져 사는 우리 큰딸은
아이 키우며 직장 다니느라 힘들지는 않을까?

허둥지둥 정신없이 아이를 키우며 학교 출근하는
작은딸도 많이 힘들겠지?

장터 난전에 하루 종일 쪼그리고 앉아 있는
노점상 아주머니는 그 수입으로 생활은 되는 걸까?

끊임없이 들려오는 양분된 국민들의 소리는
언제쯤 한마음 되어 행복해질까?

폭설처럼 내리는 낙엽을 바라보며
부모님이 그랬듯이 괜한 세상 걱정을 다 하면서
그렇게 가을은 깊어간다

하나 때문에

당신의 말 한마디에
나는 상처 받아 입을 닫았습니다
당신의 행동 하나에
나는 마음의 창을 닫고 아파합니다

당신의 말 한마디가
나의 마음의 문을 활짝 열어놓습니다
당신의 행동 하나가
나의 마음과 몸을 일으킵니다

당신의 말 한마디로
나는 감동하여 눈물이 납니다
당신의 행동 하나로
나는 고마움에 덩실 춤을 춥니다

함께

오늘을 살면서
또 하나를 배웠습니다

혼자서는 살 수 없다는
것을요

그래서 산길을 갈 때도
조심해서 가야 할 거 같아요

땅 위를 기어다니는
작은 생명도 다치면 안 되거든요

꽃향기와 새의 수다스러움이
삶을 행복하게 자극하고

당신이 곁에 있기에
내가 살아간다는 것을
또 하루를 살면서 알았습니다

어제와 오늘의 차이

어제까지는
할 일이 있어서
갈 곳이 있어서
생각을 하면서 살았습니다

그러나 오늘은
멍하니 아무 생각 없이
지내고 있습니다

그 까닭은 오늘부터 이 세상에
나를 바라보던
어머니가 안 계시기 때문입니다

겨울 추억

겨울은 겨울답게 추워야
제맛이라지요

겨울이 오면
눈이 펑펑 내리고
날씨가 영하로 곤두박질쳐
개울물이 꽁꽁 얼고
아이들은 추위에 아랑곳하지 않고
신나게 썰매를 타며 겨울을 즐기던
옛 추억이 떠오릅니다

그렇게 정신없이 놀다 보면
뉘엿뉘엿 해는 저물고
저 멀리서 빨리 집에 오라는
엄마의 재촉하는 목소리가 들려옵니다

퍼뜩 정신 차려보니
지금은 이 세상에 안 계신 나의 어머니
보고 싶어도 볼 수 없는 그리운 어머니
당신이 많이 보고 싶습니다

아버지의 기억

국민학교 6학년 시절
중학교를 가려면 시험을 치르던 시절이라
공부를 열심히 해야만 했다

점심때면 어머니가 정성껏 만들어준 도시락을
아버지는 먼 길을 걸어 교실까지 직접 배달해 주셨다

그 도시락을 열어보면 노란색 양은그릇 속에
계란프라이가 밥 위에 보름달로 덮여 있어
정말 꿀맛처럼 맛있게 잘 먹은 기억이 난다

많은 시간이 흐른 지금
그런 좋은 추억의 아버지 모습만
내 마음속에 고이 간직되기를 소망한다

보고픈 당신

어머니는 머리가 희끗한
자식을 보아도 어린 줄만 알고
눈에 넣어도 아프지 않아 합니다

예쁘고 귀여워
꼭 깨물어 주고 싶을 만큼
주체할 수 없는
사랑의 마음뿐입니다

그런 어머니의 마음은
포근히 안기고픈
내 마음의 고향이며
아련한 그리움입니다

투병 생활로 많이 힘드셨던 어머니
지금은 이 세상에 안 계신
어머니가 생각나 꿈속에서라도
만나고픈 마음으로
잠을 청해봅니다

얼굴이 행복해 보인다는 것은

기분이 좋아서
콧노래 부르는 마음입니다

바라만 봐도
배부른 마음입니다

만발한 꽃을 보듯
황홀한 마음입니다

무조건 퍼주고 싶은
부모의 마음입니다

자신을 낮추고
비우는 마음입니다

어머니

그렇게도 정정하시던 당신은
어느 날 비좁은 공간에 갇혀
자유를 잃었습니다

그리하여 집을 잃고
가족을 잃고
친구를 잃고
생각을 잃었습니다

다만 알 수 없는
기억의 저편만 떠올리며
혼자만의 세상과
대화하고 있습니다

어쩌면 그것은 한평생
당신 가슴에 멍들고 응어리진
진실을 하나씩 토해내는
아픔의 고백일 것입니다

길이 되는 사람

내가 어렸을 때는
부모님을 따라 길을 갔습니다

가다가 힘들면 그늘에 앉아 쉬기도 하고
배고프면 투정도 부리고
꾀가 나면 등에 업혀 가며 편하게 길을 갔습니다

부모님도 힘들어 지치고
길마저도 울퉁불퉁해 험난해지면
서로 의지하며 길을 가야만 했습니다

우리가 함께 걸어온 길이 세월에 묻혀
되돌아갈 수 없어지고 내게 버팀목이
되어 주던 부모님의 기력은 나이 들어 쇠해져
이젠 부모님이 나를 따라 길을 갑니다

한편 내가 앞서 새로운 길을 가는 것은
두렵고 걱정스런 마음이 큽니다

그러나 어린 시절 나의 불평과 투정을
다 받아 주었던 그 길처럼

어디를 가더라도
부모님이 믿고 따라오는
그런 길이 되는 사람이고 싶습니다

2부

차고 넘치면 후회하는 것이 삶이기에
살면서 모든 것을 가득 채우려 하지 마세요

떨어지는 낙엽만 봐도

마음이 아리다

찬바람이 조금만 불어도

입은 옷 속을 뚫고 속살까지 차갑다

따뜻한 이불이 되자

날씨가 추워 몸이 꽁꽁 얼면
두툼하게 옷을 입고 따끈한 음식으로
몸을 녹이며 행복을 느껴보자

상처받아 마음이 추워지면
입는 것 먹는 것 다 뿌리치고
절대 고독으로 외로운 마음이 되어보자

살면서 너도 그런 일이 있었고
나도 그런 일이 있었고
누구나 다 그런 일이 있었다고 자신을 위로하자

가끔 정열의 태양도 구름 속에 숨을 수 있고
씩씩하게 흐르던 강물도 꽁꽁 얼어버리고
집에 있는 강아지도 때론 시무룩할 때가 있다

그럴 때 누군가 가까이 다가가 함께하며
두 손을 잡아주면서 다정한 말로
포근히 마음을 덮어주자

가득 채우지 마세요

식탁 위에 놓인 예쁜 컵에
물이 가득 차고나면 넘쳐
컵 밖으로 흘러내립니다

흘러내린 물은
기둥을 타고 다시 아래로
마구 흘러갑니다

누군가 넘친 물을 수습하려고
허겁지겁 허둥댑니다

엎질러진 물은 다시 담을 수
없다는 걸 수없이 들어 알고 있지만
꼭 뒤늦게 후회합니다

차고 넘치면 후회하는 것이 삶이기에
살면서 모든 것을 가득 채우려 하지 마세요

해바라기 사랑

살아가면서 누구를 기다린다는 것은
참 기분 좋은 일이다
기분 좋게 기다려 본 사람은 안다

기다림이 없는 삶은
살면서도 살아있다고 말할 수 없는 것처럼
기다림은 뜨거운 심장 같은 존재다

그래야 절절한 아픔과
죽을 만큼의 깊은 고통을 이겨내고도
한층 더 성숙해질 수 있는 거니까

힘들고 기다림의 긴 시간이 지난 뒤
심장의 붉은 피가 온몸에 서서히 흐르듯
사랑도 그렇게 다가오는 거다

꽃 피는 봄은 모진 겨울이 있어야 하고
여름날 우는 매미는 땅속 외로움을 경험해야 하며
사랑도 오랜 기다림이 있어야 오는 거다

하늘의 태양이 저토록 뜨거운 건

이글거리는 정열의 마음을 주려고
너를 바라보고 있기 때문이다

나의 위로

조금 전까지 장대 같은
장맛비가 쏟아지더니

지금은 비가 그쳐
하늘에는 흰 구름 반
푸른 바다 반 걸쳐있다

인생도
살다 보면 숨이 꽉 막히도록
죽을 만큼 힘든 문턱까지 왔다가도

언제 그랬냐는 듯이 다시
평온한 삶이 펼쳐지는 것처럼

세상은 좋을 때도 있고
힘들 때도 있구나 하며 나를 위로한다

오늘

어릴 적에는
오늘을 살아도 오늘이 아주 흔해
소중함을 몰랐습니다

젊었을 때는 세상은 알아도
오늘은 다시 오지 않는다는 걸
사는 게 바빠 몰랐습니다

노을 진 석양을
가슴으로 바라보게 되었을 때
비로소 오늘은 두 번 다시 오지 않기에
가장 소중하다는 것을 알았습니다

중년의 마음

추적추적 비는 내리고
가을은 낙엽 되어 멀어져간다

이런 가을이 싫은,
계절에 민감한 내 나이

떨어지는 낙엽만 봐도
마음이 아리다

찬바람이 조금만 불어도
입은 옷 속을 뚫고 속살까지 차갑다

누가 뭐라 하지도 않았는데
이유 없이 괜히 눈물이 난다

혼자 살 수 없다

구름이 스스로 흩어져 비 되어 내리니
나무는 그 덕에 무럭무럭 자라서
시원한 그늘을 만들어 고마움에 보답한다

장미는 안개꽃과 함께 어우러져
하모니의 멋진 꽃다발로 탄생하여
눈부신 자태로 감동을 선물한다

높은 산과 낮은 바다가
서로 그리움에 목메어 흐느끼다
계곡물의 흐름과 필연의 만남으로 얼싸안는다

혼자인 것 같은 사람도
누군가의 도움이 있었기에
외로움 느끼지 않고 살아갈 수 있었으리

모든 사람 또한 삶과 이별하는 순간까지
남의 도움으로 살다가 떠나간다

이처럼 평범한 세상의 진리를 진정
우리는 얼마나 알면서 살아갈까?

꿈이 있어야 산다

집 앞 화단에
꽃씨를 뿌렸습니다

나뭇가지에
새가 둥지를 틀었습니다

맑은 계곡물에
물고기가 알을 낳았습니다

우리 엄마는
나를 잉태했습니다

얼마 지나서
꽃씨는 새싹을 틔우고
새와 물고기의 알은 부화하고
나도 세상에 태어났습니다

이들은 날마다
꿈을 품고 살아갑니다

마침내 이들은

아름다운 꽃을 피우고
예쁜 새가 되고
멋진 연어가 되고
나는 남을 헤아릴 줄 아는 사람이
되었습니다

내 마음 나도 몰라

내 몸 안에 있어
내 가슴 속에 품고 있다고
내 것이라고
무조건 내 편이라고
절대, 손톱만치도 그런
생각하지 마세요

살면서 냉기가
가슴을 쓸어내렸던 일이
어디 한두 번입니까?

몸 안에 있으면서
가슴 속에 품고 있어서
떨어질 수 없다고
죽어도 함께해야 한다고
감히 아니라고
어디 한번 말해보세요

한편, 살면서 신나고 뿌듯한 일이
또 어디 한두 번이냐구요

내 안에 머물고 있는
이 같은 두 마음
어찌해야 좋단 말입니까

살아있다는 하나만으로도

지금, 흐드러지게 핀 저 벚꽃은
하늘 바람과 함께
함박눈 되어 온 대지에 퍼부으며
때아닌 하얀 겨울을 만든다

집 앞 화단에는 응달진 곳에 터 잡은 보상 덕에
때 지난 목련이 게으르게 피어나
차츰 잊히는 봄의 자리에서
귀여움을 독차지한다

늦게라도 꽃 피우기 위해 견디기 힘든
혹독한 인고의 긴 터널을 지나왔으리라
그래서 오늘이 더 기쁘고
행복한지도 모른다

한편 하늘을 뒤덮던 미세먼지의 기억도
망각의 세계로 들어가 가물가물
세상은 바다의 밀물, 썰물과 같음을 보았다

그러나 산다는 것이
꼭 힘들고 괴로운 것만 아니라는 것도 알았다

이처럼 아름답게 피어나고
새롭게 돋아나는 이 신나는 생명력을
내가 살아있기에 또한 보는 것이 아닌가?

정말, 살아있다는 그것
하나만으로도 고맙기에
잘 살아야 한다는 그 말을
하고 싶은 것이다

사람아

기쁘냐?
최대한 만끽하라
그 기분 오랫동안 남아 있도록
내 얼굴 천사가 된다

화가 나냐?
고래고래 소리 질러라
쌓인 분노가 사그라지도록
내 마음 평화가 찾아온다

슬프냐?
펑펑 울어라
마른 개천이 찰랑찰랑 차고 넘치게
내 가슴 산들바람이 불어온다

즐거우냐?
신명 나게 즐겨라
세상이 떠나갈 듯 요란하게
내 몸 하늘을 날아간다

사람아!

인생은 희로애락喜怒哀樂 아니더냐
기분 좋게 살아라

어느 날 문득

비 오는 날, 비를 온몸으로 흠뻑 맞으며 그냥 아무렇지 않은 듯 평상시 모습처럼 천연덕스럽게 걸어가고 싶을 때가 있다

학창 시절 심취해 읽었던 소설 속의 주인공처럼 허름한 술집에 나 홀로 앉아 술잔을 기울이며 무게 잡고 싶을 때가 있다

태어나면 언젠가 이 세상을 떠나야 하는 것이 이치인 줄 알지만 정들고 사랑하는 사람과 천년만년 함께 살면 얼마나 좋을까 하며 순리를 거부하고 싶을 때가 있다

너무나 각박한 지금의 세상을 보며, 비록 힘들고 어려웠지만 정 많고 인심 좋고 순수했던 그 옛날의 추억이 그리워 가슴이 미어질 때가 있다

TV나 영화 속에 나오는 주인공처럼 멋들어진 옷을 입고 친숙한 분들 앞에서 멋지게 노래 한 곡 불러 앙코르 소리를 듣고 싶을 때가 있다

사람들은 아내나 자식들을 자랑하면 팔불출이라고 말하

지만, 그래도 한 번쯤은 자랑도 하고 포옹하면서, 고맙고 사랑한다는 말을 해주고 싶을 때가 있다

나이가 들수록 자신이 살아온 삶에 따라 고집도 세지고 타협도 잘 하지 않는다는데, 정말 그렇게 살면 안 되겠구나 하면서 잘살아가는 방법을 고민할 때가 있다

지금 함께 살고 계시는 부모님, 마지막까지 정신 줄 놓지 않고 건강하게 함께 잘 지내셨으면 하는 바람이다

나도 나이 들어 아프지 말고 자식들에게 부담 주지 않고 아름다운 모습으로 노후를 중후하게 살아가면 참 좋겠다

좋은 생각

젊은 날
열심히 살면서도 부족함을 느끼며
정신없이 달렸습니다

그렇게 바쁘게 살아온 삶 덕분에
여기까지 왔습니다

이제 몸은 지쳐 쉬고 싶은데
머리는 아직 젊은 날에 문득문득 가 있어
아직도 좀 더 나아가라 합니다

그러나 이순의 나이 되니 몸과 마음은
장맛비에 쓸려간 수해의 흔적처럼
혼란스럽고 서글프고 걱정스러운
날들이 많아집니다

그런 힘든 긴 시간이 지나고 눈을 뜨니
붉은 태양은 변함없이 힘차게 떠오릅니다

살아있는 나에게 오늘 하루가
또 다른 내일의 시작이듯이

좋은 생각, 긍정의 힘으로 아름답게
남은 생을 살아가 보렵니다

동행

살다 보면
삶의 무게에 눌려
주저앉고 싶을 때가 있습니다

가다 보면
덩그러니 혼자라는 생각이
들 때가 있습니다

인생길
햇볕 쨍쨍한 날
눈비 휘몰아치는 궂은날
숱한 날들을 걸어오며

힘들 때는 쉬어가고
바쁠 때는 뛰기도 하면서
먼 길을 여행합니다

밤하늘
별빛의 아름다움은
어둠이 있기 때문이고

들판에 예쁜 꽃은
푸른 초원이 함께하듯이

먼 훗날 종차역에 왔을 때
함께 걸어온 이 길

당신이 있어
행복했다는 그 말 한마디
할 수 있으면 좋겠습니다

누구를 만난다는 것

우리는 엄마와의 축복된
첫 만남을 시작으로 세상의 문을 연다

살면서 수많은 사람들과 만나고
헤어지며 정신없이 살아간다

그 만남 속에는 내 맘인 사람과
아닌 사람이 늘 공존 한다

사노라면 피하는 사람은 더 만나지고
만나고픈 사람은 보이지 않는다
내 맘대로 되지 않는 것이 세상일이다

어쩌면 누군가를 만난다는 것은
두려움과 설렘 속에 일생을 가슴에 담는 것인지도 모른다

저 황홀한 벚꽃도 따뜻한 봄을 만나야 활짝 피고
하늘에 무수한 별도 구름 안 낀 밤을 만나야 빛나듯

인생에서 누구를 만난다는 것은 자신의 삶을
아름답게 만들 수 있는 기회를 얻는 것이다

인생길

새 생명이 살포시 탄생하는 봄
삶의 지혜를 알려주는 여름
살아온 삶을 돌아보는 가을
요란하지 않게 생명을 준비하는 겨울

나이가 들수록 세월의 흐름이
참 빠르다는 걸 실감하며
봄·여름·가을·겨울 사계절이
우리의 인생길이라는 걸
이제야 깨닫네

의자

너는 참 외롭기도 하고
고독이 몸에 밴 존재다

엄동설한 겨울엔 폭설과 매서운 추위를 견디기도 하고
여름날 장맛비도 거부 못하고 고스란히 맞기도 하며
때론 텅 빈 방 구석진 곳에 홀로 내쳐 있기도 한다

한낮 폭염 속 이글거리는 태양의 열기도
온몸으로 견디다가 어둠이 오면 누군가를
하염없이 기다리며 밤을 하얗게 지새우기도 한다

그렇게 너는 원초적 고통과 외로움을 안고
좌절과 원망 그리고 서러움이 배가된 아픔을
어쩔 수 없이 겪으면서 가는 것이 너의 길이다

세상일이란 힘들고 어려운 일이 있어도 일일이
말도 못 하고 다 도움받을 수도 없으며
스스로 감내하면서 그렇게 흘러가는 것이다

입동이 지난 지금
어느 집 담장 안에 한 그루의 감나무에는

맛난 홍시가 되기 위해 감들이 기분 좋게 매달려있고

산속의 앙상한 나뭇가지에 열매도
산속 친구들에게 소중한 식량이 될 날을 기다리며
익어가다 못해 말라붙어있다

문득 숨 가쁘게 돌아가는 세상 속을 들여다보니
그러려니 하며 그다지 속상해할 것도 화낼 것도 없으며
더군다나 나이 들면 들수록 조용히 살아야 한다는
생각으로 너를 바라본다

나다워야

따뜻한 계절이 오면
꽃은 활짝 피고
잡초는 푸르름이 무성해진다

꽃이 잡초처럼 자라고
잡초가 꽃처럼 핀다면
자연은 혼란스럽다

저 하늘도 낮에 해가 뜨고
밤에는 달이 뜨기에
밝게 돌아가는 거다

인생도 내가 있고 네가 있어
멈추지 않고 흘러가는 것이다

검정 고무신

선택의 여지없이
운명처럼 너를 만나 동고동락

질기고 질긴 연(緣)을 끝내고 싶어
너를 모질게 괄시했던 나

가난이 가져다준 아픔을 간직한 채
새로운 세상을 찾기 위한 그냥 몸부림

어릴 적 애증의
검정 고무신

자유

무더운 여름날
창문 틈새를 비집고 날아든
장수말벌 한 마리

술 취한 주정뱅이처럼
정신 사납게 나댄다

온종일 날아다녀도
결국엔 원점으로 돌아갈 뿐

어찌 보면 그것은
자유를 찾기 위한 몸부림이리라

기도

태풍이 온다는 일기 예보가
오보이기를 고대하면서
더 이상의 수해 피해가 없기를
아침 출근길
빗속에서 기도합니다

9월은
결실의 계절에 맞게
사람들의 가슴에 풍요롭고
행복하고 사랑이 넘치는
그런 마음을 갖게 하여 주시옵소서!

차이의 인정

세상에는 특별히 잘난 사람도
그렇다고 아주 못난 놈도 없습니다

산과 들에 흔한 아카시아는
가시도 사납고 볼품도 없지만
한 계절 포도송이 같은 하얀 꽃을 피워
은은한 향기와 최고의 꿀을 제공하고

몇백 년 푸르름을 잃지 않아 칭송받는 낙락장송도
봄 한철 송홧가루 날려 불편을 주기도 합니다

화분의 화초도 예쁜 꽃을 활짝 피워 향기를 뿜어내고
벚꽃은 만발하여 눈부시도록 아름다운 기쁨을 줍니다

둘이 너무 사랑해서 결혼한 부부도
싫어 헤어지는가 하면
전혀 어울릴 것 같지 않아 보여도
천생연분의 궁합인 사람들이 있습니다

남이 싫어하는 일이지만
본인은 좋아서 일하는 사람이 있고

남이 선망하는 직업도 때론 자신의 적성에 맞지 않아
괴로운 사람도 있습니다

이처럼 누구에게나 좋음과 좋지 않음엔 기준이 없기에
서로를 인정하고 부족함을 채워주며 살아가는 것이
삶의 이유입니다

겨울 끝자락에서

뇌리를 훑어 올라간다
올겨울 추위다운 추위, 눈다운 첫눈이 왔었나?

나에게 겨울은 폭설이 내리고
세상이 꽁꽁 얼었던 기억만 남아 있는데

2월의 끝자락에서 참았던
많은 눈과 강추위가 홀연 찾아와
세상을 겨울 동화 속으로 끌고 들어갔다

오래전 겨울은 김장 시장이 서 북적이고
동네마다 쌀집과 연탄 가게엔
겨울 준비 손님으로 분주하고
군고구마와 군밤, 호떡을 파는 사람들
포장마차에서는 술 취한 손님들로 흥청거리고
유행가 소리에 거리가 흥겨웠지

지금은 모든 걸 전화로 주문하는
온라인이 대세가 되고 타인의 간섭이 싫어
나 홀로가 더 좋은 현실

싱글족, 돌싱, 혼밥이라는 말들이
전혀 어색하지 않고 불편하지 않은 채
익숙한 세상이 되었다

이런 세상에서 옛것이 더 정겨워 눈물 난다고 해봐야
응원하는 자 많지 않을 테고 시대에 적응 못하는
고리타분한 사람으로 치부되겠지

겨울의 끝자락에서 내리는 함박눈을 흠뻑 맞으니
미치도록 옛것이 자꾸 그리워지는데
그런 나를 어쩌란 말이냐?

선행

일 년 내내 동네 야산 등산로를
마음 추스르고 몸 건강해지려고
자연을 벗 삼아 오르내렸다

봄이면 파릇하게 잎이 돋아 꽃을 피우고
여름이면 푸른 숲이 울창하게 우거지고
가을이면 열매를 맺는 변함없는 진실함
이 맛에 산을 오르내렸다

지난해 가을, 산을 오르내리며 길 위에
뒹구는 실한 도토리를 호기심 반 재미 반으로
주워 모아 어느새 집 베란다에
수북이 모였다

실은 조금 욕심으로 간식이나 하려고
주어 다 놓은 도토리였지만
겨우내 산을 오가면서 먹이를 찾아 헤매는
다람쥐, 고라니의 산 친구들의 배고픔이 떠올라
마음이 많이 아팠다

불현듯 산 짐승의 허기가 걱정되는 겨울 어느 날

집에 모아놓은 도토리를 배낭에 가득 담아
산속에 한 상 차려주고 내려왔다
며칠 뒤 도토리 밥상 자리는 한 톨의 남김도 없이
알뜰히 비어 있음을 보니 내심 흐뭇했다

3부

인생은 덜컹거리며 사는 것이다

그러다 해가 서산에 걸려
하루 일과를 마칠 때쯤 되면
몸과 마음은 파김치가 됩니다

안타까움

'조금 더'를 외치며
완벽해지려고 애쓰며
살다 보면
부딪히며 겪는 일들이 무수히 많다

보일 듯 보이지 않는 것
만져질 듯 만져지지 않는 것
될 듯 되지 않는 것
있을 듯 없는 것들의 안타까움

망각 속으로 보내고 싶지만
오히려 더 생생하게 돌아나는 기억들
아직도 버리지 못한 것들이
바스락거리며 일어나 아픔과 쓰라림을 준다

오늘도
간간이 떠오르는
낡은 흔적을 지우지 못하고
반복되는 일상으로 또 돌아간다

왜?

속상해서
술을 마셨습니다

처음 한잔은
어머니의 산고와
나의 출생을 떠올리며

둘째 잔은
어머니의 샘물 같은
사랑을 생각하며

셋째 잔은
연로해서 정신이 혼미하신
어머니가 안쓰러워

술이 가슴을 적시며
쓸어내립니다

그다음에는
기억이 없습니다

봄을 기다리는 이유

네가
따뜻하지 않아서가 아니다

내가
추워서도 아니다

그렇다고
이 겨울이 싫어서도
더욱 아니다

이유는 내가
나이가 들어가기 때문이다

빈 차

낮부터 초저녁까지
승강장의 택시는
줄을 서서 기다리는 손님들로
항시 북적대지만

밤늦은 시간
승강장의 빈 택시는
오지 않는 손님을 하염없이 기다린다
애처롭고 안타까운 마음이다

사람도 마찬가지
인생의 낮부터 초저녁까지는
주변에 사람들이 넘쳐나
외로울 겨를이 없지만

인생의 황혼을 넘는 나이가 되면
주변 사람들이 하나둘 떠나면서
홀로 살아길 수밖에 없는
빈 차의 주인이 되겠지

내 몸에게

세상을 살다 보면
내 마음대로 안 되는 것이 하나 있는데
그것이 술자리다

기분 좋아서 한잔 두잔 마시다 보니
어제는 조금 과하게 마셨다

오늘은 내 몸에게
미안하고 사과하는 의미에서
시원하게 해장 되는 음식을 대접해야겠다

너무 열심히 살지 마라

살다 보면 나도 모르게
강하게 오버를 하는 경우가 참 많다

세월이 한참 지난 뒤 뒤돌아보면
그때는 왜 그랬을까?
하는 후회가 밀려오더라

그러니 매사에
너무 열심히 살지 마라

처음부터 있는 듯 없는 듯 살며
그리고 천천히 살아라

손톱만큼

무더운 여름날에 권하는 한 잔의 시원한 냉수나
허기질 때 내주는 찬 없는 밥 한술과
생각지도 않았던 일에서 불쑥 도움을 받았을 때
사람들은 감동하고 고마워하고
눈물 흘리며 감사해하는 경우가 많습니다

또한 가족이나 친한 친구, 이웃이 어렵거나
힘들어할 때 격려와 응원의 말 한마디에
누구나가 큰 힘을 얻습니다

이처럼 사람들은 큰 것보다
아주 작은 것에 더 격렬하게 마음이 끌립니다

커튼

밤의 어두움이 가시고
밝은 아침을 맞이하기 위해서는
창문의 커튼을 걷어야 한다

뜨겁게 내리쬐는
햇빛을 피하기 위해서는
창문의 커튼을 가려야 한다

나도
세상을 살아가기 위해서
마음속에 커튼 하나 마련해야겠다

해야 할 일은 하라

살다 보면
하지 말아야 할 일
해도 그만 안 해도 그만인 일
꼭 해야 할 일들이 늘 엉켜있다

해야 할 일은 널려있지만
막상 하려면 힘들고 귀찮아
설렁설렁 넘기는 경우가 많다

어차피 꼭 해야 할 일이라면
먼 미래를 위해서나
후회 없는 삶을 위해서나
서슴없이 하고 사는 것이 옳다

기분 좋은 삶

젊어서 고생은 사서도 하란 옛말이 있지만
굳이 사서 할 필요는 없다

젊어서 고생하면 늙어서 골병들어
갈 곳은 병원밖에 없지 않은가?

웃으며 고생을 이겨내라는
삶의 지혜를 던지는 말이지만

스트레스 덜 받고 기분 좋게 살면
건강과 장수 복을 누리겠지?

비누

하루하루
비워간다

유독 채움 없이
비워간다

달도 차면 기울고
메마른 강물도 비 오면
가득 차 흐르듯

세상사 넘치면 비워지고
비우면 채워지는 것이 순린데
너만 돌연변이다

공중에서 거룩한 너의 향기가
콧 전을 찡하게 때린다

그리고
나의 육체를 휘감아 돌아 춤추며
바닥까지 비워간다

한숨과 기쁨

살면서 땅이 꺼져라
긴 한숨이 나오는 날은
삶이 지치고 힘들다는 것입니다

그런 날은 몸도 움직이기 귀찮고
한 치 혀조차 놀리기 싫어
멍하고 있을 뿐입니다

그러다 해가 서산에 걸려
하루 일과를 마칠 때쯤 되면
몸과 마음은 파김치가 됩니다

그때 소주나 한잔하자는 친구의
전화 한 통은 지친 몸과 마음을
풍선이 되어 날게 합니다

절망과 희망

하늘만 쳐다보며
농사짓던 그 옛날

심한 가뭄이 들 때면
마음 모아 지내던 기우제

희망이 하늘에 닿아 감천(感天)하면
비로소 떨어지던 빗방울

쏟아지던 빗줄기엔
진실 담은 희망이 있었음을
절망의 끝자락에서 보았습니다

인생은 덜컹거리며 사는 거다

사람들은 오늘도
아침 일찍부터 밤늦은 시간까지
때론 밤새도록 일을 하며 바쁘게 살아갑니다

하지만 힘들어도 일할 수 있음에
행복하다며 활짝 웃습니다

그런 한편에 자신한테만 유독 가혹하게
무거운 짐을 지워졌다며 불평을 토로하는
사람도 가끔은 있습니다

그러나 그 누구의 삶도 살짝 들여다보면
삶의 애환은 한 가지씩은 다 가지고 살고 있기에
세상은 공평하게 돌아갑니다

다만 미주알고주알 얘기를 안 해서 모를 뿐이지
누구나 덜컹거리며 사는 게 삶입니다

그때는 왜 그랬을까?

인생에서 한 번쯤
다른 곳에 눈 돌릴 틈 없이 바쁘다면서
무언가에 푹 빠지고 미쳐서

진정으로 아껴
내려놓을 수 없는 귀중한 것들을
찾지 않고 무관심할 때가 있었지

그때는 눈에 콩깍지가 씌어
아무것도 보이질 않았었지

그러다 없어졌거나 떠나버린 뒤
비로소 잃어버린 것을 슬퍼하며
참 많이 후회했었지

믿음

여름날 숨 가쁘게 산을 오르다
푸른 숲에 마음을 빼앗겨
벌레 먹은 그루터기에 앉아
잠시 명상에 잠겨 봅니다

지나온 삶의 한 귀퉁이엔
바쁘고 귀찮다는 이유로
급하게 허둥대며 은근슬쩍 넘어간 일들이
얼굴을 내밀고 있었습니다

그리고 깔끔하게 마치지 못한
일들에 대한 기억도 솟아나
많은 후회와 자책을 해봅니다

자리를 털고 일어나 다시 길을 갑니다
마음까지 씻어주는 시원한 바람이
불어옵니다

왠지 앞으로 마주할 삶은
저 청량한 바람처럼 기분 좋게
펼쳐질 것 같다는 예감이 듭니다

그래서
인생은 살만하다는 말을
믿어보고 싶습니다

누구나 외롭다

여름날 한적한 산속에서
매미가 목청이 터지도록 울어대는 그 아래
야생화 한 송이 남몰래
외로이 피어난다

오솔길 옆 나뭇가지는
행인에게 이유 없이 시비를 걸고
숨어 울던 바람은 인기척에 놀라
윙윙 소리 내며 분다

나무보다 더 높은 하늘에선
검은 구름 한 무리가 눈물 되어 흐르고
불현듯 내 머릿속에선 누군가를 불러내
한잔하고 싶다는 감정이 요동친다

삶

아스팔트 길도 걷고
울퉁불퉁한 비포장 길도 걷고
가시덤불 숲을 간신히 헤치면서도 걷고
시원하게 확 트인 넓은 큰길도 걷습니다

활짝 핀 꽃을 마주하며 마음이 행복해질 때도 있고
무성하게 자란 나무숲 아래 때론 편히 쉬기도 하고
아름다운 저녁노을을 보면서 감탄할 때도 있고
갑자기 내리는 비를 속수무책으로 맞을 때도 있습니다

간단하게 한잔하려다 고주망태가 될 때도 있고
사는 게 너무 힘들어 삶을 멈추고 싶을 때도 있고
현실이 생각과 마음을 다 채우지 못할 때도 있지만
그래도 일상의 것들에 늘 고맙고 감사하며 살아갑니다

오늘도
반가운 사람 만나 안부를 묻고
다음에 또 보자며 인사를 건네며 가다 보니
하루해가 뉘엿뉘엿 나를 토닥이며 산을 넘어갑니다

우리 이렇게 살아가요

봄이면 들녘에 새롭게 피어나는
새순처럼 청순하게 살고

여름이면 왕성하게 활동하는
생명처럼 열정적으로 살고

가을이면 풍성하게 결실을 맺는
자연처럼 풍족하게 살고

겨울이면 멈추고 참을 줄 아는
계절처럼 때론 쉬엄쉬엄 살면서

화가의 작은 붓 터치가 모여
대작의 명화가 그려지듯

작곡가의 음계 하나하나의 고심으로
심금을 울리는 명곡이 탄생되듯

우리도 인생의 날실과 씨실을
멋지게 엮어가며 살아가요

살다 보면

삶이 힘들다고
너무 아파하지 말아요
누구나 살다 보면 힘든 일도 있고
좋은 일도 있는 겁니다

어떤 때는
사는 게 너무 힘들어 도저히
한 발짝도 나아갈 수 없을 만큼
멘붕이 올 때도 있고

어떨 때는
가만히 있어도
좋은 일들이 홍수처럼 넘쳐
밀려올 때가 있습니다

그렇게 힘든 일은 힘든 대로
좋은 일은 좋은 대로
서로 부대껴 살다 보면
아픈 만큼 성숙해져 살아갈 힘이
생기는 거지요

성공으로 가는 길은 공사 중이다

길을 파헤쳐 넓히고
고층 건물을 세우는 일을 반복하며
도시 팽창을 위한 공사는 늘 진행 중이다

울퉁불퉁한 좁은 길을 걷다가
큰길을 만나 편하다 느껴질 때 다시
또 공사 중인 길을 만나면 불편하듯
인생길도 마찬가지다

사람은 태어나 처음 네 발로 기며 세상에 눈뜨고
시간이 지나 두 발로 걸으며 세상을 깨치고
오랜 세월 동안 왁자지껄한 세상 속에 살면서
때론 실패하여 좌절하다가도 다시 일어나
꿋꿋하게 인생길을 가며 삶의 지혜를 배운다

그리고 먼 훗날 세 발로 걸을 때가 되면
붉게 물든 서쪽 하늘을 바라보면서
성공을 위해 걸어온 길이
그다지 쉽지는 않았다고 얘기하겠지

삼세번

세상을 맞이하는 순간 세 번의
결정적인 기회가 주어진다고 합니다

그러나 다가오는 절호의 찬스 잡기는
그리 쉬운 일은 아닌 듯

캄캄한 밤하늘에 빛나는 별을 보며
꿈을 키우는 자만이 잡을 수 있지요

다들 세 번의 기회가 훌쩍 지나간 뒤
많이 아쉬워하고 후회하지요

후회 먼저 하지 말고 꿈 갖기를 먼저 하면
세 번의 기회 중 한 번의 기회는 잡을 수
있겠지요

4부

자연은 나의 스승이다

억새풀의 가녀린 흔들림과

물고기의 눈부신 물 밖 비상을 보며

강가의 가을을 독차지하고도 싶습니다

사계四季의 노래

봄은 사랑스러운 예쁜 아기의 탄생이다
기쁨의 온기가 퍼지면서 얼었던 냇물이 녹아 흐르고
온 동네 가득 개구리의 합창 소리 요란하다
행복을 전하는 목련은 소담스런 꽃망울을 터트리고
길 위 벚꽃은 하늘 가득 펄펄 날려
가슴을 콩닥콩닥 뛰게 한다
새들도 부러워 쌍쌍이 신혼의 보금자리 꾸미느라 신나는
참 기분 좋은 출발의 계절이다

여름은 주체할 수 없는 젊은 청춘이다
세상은 온통 초록으로 물들고
밀당의 바다는 연실 태산을 쌓고 허문다
태양은 끓어오르는 욕망으로 한없이 열병하고
천둥과 번개, 먹구름과 장맛비는 태초를 연다
모든 것이 너무 과해 심하게 넘치는 열정들로
와! 함성소리 울려 퍼지는 격정의 계절이다

가을은 농염하게 익어가는 멋스러운 중년이다
아침 창문을 열면 시원한 바람이 얼굴을 어루만지고
들녘은 저녁노을과 함께 황금물결로 출렁거리며
하늘하늘 춤추는 코스모스는 무지갯길을 연다

공중엔 고추잠자리 윙윙거리며 자유를 만끽하고
뻐꾸기 소리, 매미 소리 장단에 귀가 호강하는
정말, 가진 것을 다 내주어도 서운하지 않은
풍성한 마음 같은 넉넉한 계절이다

겨울은 가슴이 따뜻한 아름다운 노년이다
하늘은 온통 함박눈을 하염없이 쏟아내고
땅 위의 나무들은 황홀한 설화로 피어난다
냇가의 작은 터는 아이들의 신나는 썰매장이 되고
생명들 또한 달려온 피로감에 동면으로 빠져든다
그 속에서 엄숙하게 또 다른 새봄을 채비하는
아, 속 깊고 사려 깊은 기다림의 계절이다

봄을 기다리는 마음

들녘은 수확의 잔재가 꽁꽁 언 채 널브러져 있고
내가 걷던 산길 위 낙엽은 칼바람과 함께 떠나고
수다스럽던 새들 또한 감감무소식인 이 계절

하늘은 애타는 겨울 가뭄에도 관심 없고
희뿌연 안개 같은 미세먼지만 자욱하다

도시의 거리는 쇠퇴하는 옛 왕국의 뒤안길처럼
모든 것이 초라하고 을씨년스럽기만 하다

순수한 생명체의 움직임은 정지된 지금
고요만 존재하는 동면의 시간 속

그러나 멈춤 안에서도
늘 일탈은 있다

이 순간도 얼어붙은
저 계곡물 아래에 미세한 흐름이 있고
내딛는 발밑에 새 생명을 잉태하기 위한
꿈틀거림이 있다

다만 눈에 보이지 않을 뿐
아름다운 희망은 서서히 다가온다

지난날 눈부시게 피어나던 꽃들의 반란과
생명의 움틈이 가슴 깊이 새겨져
아직 잊지 못할 당신의 그리움이 선연하다

오늘도 길옆 목석같은 나무와
표정 없는 맨땅을 하염없이 바라보며
봄을 애타게 기다린다

봄은 당신 때문에 왔습니다

작디작은 열매도
가지 끝에 매달린 씨앗이
바람에 날리다가 땅에 뿌리를 내려
지탱할 힘이 생겼을 때
봄기운이 따스히 안아주고
촉촉한 봄비가 생명을 불어넣어 주면
마침내 움이 트고 싹이 나와 꽃이 피고
만발한 꽃 사이로 벌 나비가 이리저리 날아다니며
고운 입맞춤을 해야 비로소 맺어집니다

사랑도 저절로 이루어지는 것이 아니라
이처럼 절절한 마음을 주어야만 오는 것입니다

봄도 그렇게 왔습니다

폭포

고요가 모자라 정적으로 흐르다
수직으로 내리쏟는 거친 물줄기

갑작스런 낙하로 아우성인 물방울과
나약함이 보일까 봐 절벽 가득 날리는 물안개

터질 듯 놀란 가슴 쓸어안고
모두가 무사히 바닥에 안착하여

한동안 길 잃은 사슴처럼
멍하니 허공만 바라보다

새롭게 힘내어 모여드는 물방울들
다시 뭉쳐 강물 되어 흐른다

산에 올라와 보니

가보지 않은 길이라고
시작하기도 전에
힘들어서 못 간다고
귀찮아서 안 간다고
한참을 빼다가 마음을 가다듬고

산을 향해 발걸음을 한발짝 한발짝
세속에 찌든 귀와 눈을 푸르름에 묻으며
걷다 보니 산 중턱에 다다라
눈앞에 보이는 탁 트인 시골의 풍경들
눈과 마음이 깨끗이 씻기는 느낌이다

도시는 숨 막히는 빌딩 숲과
끝없이 늘어선 차량으로 질식할 것 같았는데
이곳에 올라와 순진한 아이 같은
시골 풍경을 보니 가슴이 뻥 뚫린다

그동안 그늘에 가려져 힘들었던 삶이
난만한 봄빛의 축제에
조금씩 고개 드는 것을 느끼며
봄 속에서 희망을 가져본다

어느새 산 정상에 올라
세상 탓만 하다가
소리 없이 사라져가는
그런 삶을 살지 않으리라
다짐하는 4월의 오후엔 꽃이 만발했다

아카시아 꽃

어느 봄날, 산속 오솔길
평소 무심히 지나쳤던 나무에선
꽃잎이 수줍게 피었다가
살며시 지고 있다

무관심했던 탓에
그동안 보지 못한
너의 순박한 아름다움을
이제서야 본다

포도송이처럼 영근
탐스런 하얀 꽃송이는
개구쟁이 시절 꽃잎 따먹던
추억으로 내 맘속에 피어나고

산들바람에 실려 오는
은은한 꽃향기는
잊었던 고향의 그리움을
한 아름 전해준다

함박눈 되어 흩날리는

아카시아 꽃길 속에서
어느새 나도 아카시아 나무 되어
너와 함께 서 있다

고목古木

먼발치에서 보면 아름드리 듬직한 모습이지만
가까이서 보면 부러지고 패이고 상처투성이인 너는
언제부턴가 오랫동안 그 자리에 서 있었다

단지 내가 아는 너는 우리보다 먼저
이 세상에 태어났고 몇 세대 전부터 그 자리를
지키고 있다는 것뿐이다

수백 년을 지나오며 모진 풍파를 만나도
삶이 피폐해지고 힘들어도 불평 한마디 없이
꿋꿋하게 견뎌온 너의 뚝심에 진정한 경의를 표한다

지금껏 더우면 그늘을 제공하고 비 내리면 우산이 되어
하해 같은 마음으로 행인의 푸념도 포근히 들으며
안타까운 마음으로 퍼주는 사랑을 몸소 실천하였다

오늘도 여지없이 풍성한 너의 그늘 아래는
사람들이 시끌벅적하게 모여 앉아 수다를 떨며
마음의 티끌을 골라내며 환하게 웃고 있다

서쪽 하늘에 노을이 예쁘게 물들고 있는 지금

너는 받는 사랑보다
주는 사랑이 더 기쁘고 행복함을 아는
아름다운 고목古木이 되어 서 있다

클로버잎

클로버잎들이
벌판 여기저기 피어서
봐 달라 애원합니다

가던 길 멈추고
행운의 네잎클로버를 찾아봅니다

다만 보이는 것은 온통
행복의 세 잎 클로버일 뿐

푸른 하늘 아래 따사로운 햇살이
온 대지를 감싸안습니다

그 품 안에서
사람들이 웃고
계절이 소리 없이 오고 가며
새들이 시끄럽게 떠들고
꽃들이 활짝 피고 지며
흰 눈이 펑펑 내리는 모든 것들이

소소하지만

그 자체가 행복입니다

참 안타까운 마음은
그것을 모르고 산다는 것이지요

그러면서 행운만을 쫓다가
그 많은 행복도 못 잡고
소중한 세월 다 흘러갑니다

매미

가슴에 묻어둔 것이
마음에 사무친 것이
무엇이 그리도 많아서

그토록 어둡고 외로운
침묵의 깊은 땅속에서 홀로
오랜 세월 견뎌 왔는가?

이 넓은 세상에 머무르는 동안
네가 하고 싶은 거 맘껏 펼치면서
원 없는 삶을 실컷 살다 가려무나

약속

세상을 다 불태울 듯했던 여름
다시는 새로운 날이
오지 않을 것만 같았던 힘들었던 시간들
그래도 어느새 어김없이 가을은 왔다

그래서 더욱 사랑스러운 이 가을
눈부시게 피었던 꽃들이
하나둘씩 새로운 꽃씨로
변해가는 모습을 보며

가을은 다가올
또 다른 계절과 약속을
지키는 중이란 걸 알았다

반딧불이

티 없이 맑은 여름날 밤
무수히 반짝이는 별빛을 보고 있노라면
어릴 적 뛰어놀던 모습이 떠오릅니다

그 시절 산천은 자연이 내려준
원초의 그 모습으로

길 옆 풀숲과 공중에는
밤을 밝혀 주는 작은 불빛의 요정들이
수없이 날아다니고

아이들은 신비한 요정들을
손에 넣으려고 이리저리 뛰어다니며
마냥 즐겁게 놀다 보면

하늘까지 들릴 듯이 귀가를 재촉하는
어머니의 목소리는 아직도 귓가에
쩌렁쩌렁 울려옵니다

이처럼 가슴 뭉클한 추억이
오랜 세월이 지난 지금도 불쑥

생각날 때면

밤하늘 반짝이는 수많은 별 들이
어느새 반딧불이로 환하게 빛을 발하고
아이들과의 추억이 더해져 마음이 짠합니다

도토리의 마음

너는 여름 내내
있는지 없는지도 모르게
산속에서 조용히 있더구나

다른 나무처럼
요란하게 꽃도 피우지 않고
다소곳이 숨죽이며 살더구나

간간이 활짝 꽃피워
멋들어지게 보여주고 싶을 때도
사실 많았겠지

드디어 가을이다!
숨겨왔던 너의 자태가 이제 빛을 발해
머물던 자리에 탐스런 열매가 한가득이구나

올겨울 너로 인해
산속 친구들이 행복할 수 있어서
내가 더 행복하구나

일생을 다하는 날까지

아름답게 사는 모습
너는 참 곱구나

달맞이꽃

환한 대낮을 부끄러워해
어두운 밤을 더 좋아하는 너
영롱하게 빛나는 별빛보다는
둥근 달빛을 더 사랑하는 너

비 내리는 흐린 날
보고픈 달을 찾아 밤새도록 헤매다
애달프게 울며 쓰러져 잠든 무수한 밤들
끝내 만나지 못하고 떠나간 가엾은 너

세간에 너무도 절절하고 간절한 너의 사랑은
질투의 화신으로 인해
이루어질 수 없다는 전설이
지금도 전해 오는데

오늘따라
유난히 달빛 밝은 들녘엔
밤에만 활짝 피는 너의 노란 미소가
내 눈과 마음을 적신다

성장

많은 비를 뿌리던 태풍이 지나간 후
더위가 한풀 꺾이는가 싶다가
며칠 사이에 서늘해지더니
성큼 찾아온 가을

들판에 곡식은
비바람에 온몸이 흔들리고 넘어지며
갈증에 목이 바짝 타면서도
풍성하게 익어 간다

너도 때론 상처받아 아파하고
힘든 걸 꾹 참고 견디면서
그렇게 크는 거다

가을아!

찬 기온이 스며 옷깃을 여미게 하는 날씨
따듯함이 그리워 찾아온 카페

그윽하고 진한 커피 향이
온몸 가득 퍼져

한 잔의 커피와 함께
창밖의 세상과 얼굴을 마주한다

단풍잎은 밤하늘 폭죽처럼 반짝이고
익숙한 '잊혀진 계절' 노래가 추억을 뒤흔든다

앉아 수다를 떠는 사람들
더 없는 행복감의 풍경으로 펼쳐진다

모처럼 즐거움을 선사한 가을
가을아 가지 마라

꽃잎

활짝 핀 당신의 모습은
참 청순하고 아름다웠기에
바라보는 내내 행복하였습니다

그런 당신의 곱던 모습은
어느덧 간데없고 시들어
바닥에 떨어져 나뒹굴고 있습니다

인생도 꽃잎처럼 언젠가
그렇게 흘러가겠지요?

슬픔

홀쩍 찾아온 가을
산허리에 걸린 노을이
단풍과 어우러져 눈이 부시도록 오색찬란하다

도심의 무더위를 식혀주던 은행나무,
메타세쿼이아 푸른 숲길은 이제
더 이상 볼 수가 없다

뻗어난 숲길의 색 바랜 잎새와
옷깃을 여미는 차가운 바람
겨울을 재촉하는 가랑비만 분주하다

한때, 이 계절은 상큼한 사과 향 같은 사랑과
외로움 타는 청춘들의 방황도 있었고
감동의 코스모스 꽃길도 펼쳐져 있었다

이제 다 떠나보내야만 하는 안타까움
그리고 기다리고 있을 긴 침묵의 시간들
서운하고 아쉬운 내면의 모습이다

가을은 열광의 축제가 끝난 뒤

밀려오는 공허함과 외로움이 묻어나
나를 슬프게 한다

아름다운 잎들

봄의 잎은 마술사가 되어
나무에 생명을 불어넣어
새순을 틔우고 꽃을 활짝 피워
겨우내 움츠린 이들에게
기쁨, 즐거움, 행복을 선사합니다

여름의 잎은 화가가 되어
나무를 녹색으로 물들이고
풍성한 열매를 감싸안아
온갖 생명체들은
숲을 의지하며 살아갑니다

가을의 잎은 연금술사가 되어
푸르게 무성하던 잎을
형형색색으로 물들이고
황금의 과일들을 다소곳이 에워싸서
눈과 마음에 풍요로운 감동을 선물합니다

제 할 일을 끝낸 겨울 잎은
조용히 땅으로 내려와
아름답게 흙으로 돌아갑니다

가을 속으로

풍성하게 가을이
익어갑니다

감, 대추, 사과도 가을을
닮아 갑니다

나도 가을을 닮은 모습으로
익어갑니다

가을에는

단풍의 향연이 펼쳐진 가로수길을 가슴으로 걸으며
내 마음도 알록달록 물들고 싶습니다

정성껏 키운 농작물을 수확하는 농부의 풍요로운 마음이
되어보고 싶습니다

억새풀의 가녀린 흔들림과
물고기의 눈부신 물 밖 비상을 보며
강가의 가을을 독차지하고도 싶습니다

고즈넉한 카페에 자리 잡고 아메리카노 한잔을 마시며
고독을 음미해 보고 싶습니다

유난히 감성이 솟아나는 계절 가을엔
추억의 조각들이 삐져나와
가슴은 아려도 삶이 익어가는 소리는 내 심장을 울립니다

눈을 돌리면 곳곳에 감동과 환호의 풍경이 눈과 마음을
호강시켜 주는데 이 멋진 가을을 보내고 나면
허전한 마음 안에 무엇을 담아야 하나 걱정입니다

붉게 물든 저녁노을 속 철새 무리의 멋진 비행을 보며
아름다운 이별을 연습합니다

호~

아주 까마득하게 오래전
나의 개구쟁이 어린 시절

동네 아이들과 뛰어놀다 다쳐
조그마한 상처라도 나면
울 엄마가 호호 불어주었지

그럴 때마다 정말 신기하게도
다친 상처가 금방 씻은 듯이 나아
아프지 않았는데…

엄마가 의사, 약사, 간호사 역할을
다하셨지
엄마가 약국이고 병원이었지

오랜 세월이 흐른 지금
이제는 내가 호호해줘서
울 엄마의 아픔이 다 나으신다면
얼마나 좋을까

겨울 찬가

눈은 펑펑 내리고
세상은 꽁꽁 얼었다

화려한 벚꽃이나
소담스러운 목련이 피는
봄이 아니어도 좋다

이 겨울은
바쁜 세상을 잠시 멈추고
조용하고 휴식이 있어서 좋다

이 겨울은
멋 부리지 않고 본래의 모습을
보여주어서 좋다

나는 그런 겨울을
사랑한다

5부

그리움으로 아픔이 치유되고
고통이 사라지고 웃음이 가득하고
기쁨이 넘치도록

황량한 대지를
말없이 하얀 손으로 감싸 주고

도도한 저 강물이 멈춰서고
살아있는 모든 것에 안식을 주며

술

언제 들어도 친한 이름
그 이름 술이다

기분 좋아서 한잔, 속상해서 한잔
건수가 없어서
못 먹는 것이 술이구나

낮이면 낮술 한잔에 볼그레 새색시 얼굴 되고
밤이면 밤도깨비로 고주망태가 되니 참으로
인간과 술은 억겁의 인연인가 보다

그동안 술은 인간의 삶 속에서
동반자적 존재이면서도 한편 원성도 많았다

어쩜 오늘 하루도 주당들은 이 핑계 저 핑계로
한잔·두잔, 2차·3차 하면서 밤이 너무 짧다고
하소연에 밤을 패겠구나

그러나 인생을 살면서
한쪽만 편애하면 질투하는 사람이 있듯
술도 인간 세상을 거울삼아 적당히 마시는

아량도 필요하겠지

고슴도치의 사랑처럼 힘들 때나 기쁠 때나
늘 술과 함께하면서 더하지도 덜하지도 않은
행복한 애주가가 되는 것도 괜찮지 않은가?

미련

함박눈이 펄펄 내리는 추운 겨울이 되면
어릴 적 살던 동네에 가고 싶다

그곳에서 얼굴과 손발이 꽁꽁 얼어도
추운 줄 모르던 동심으로 돌아가 눈썰매를
신나게 타고 싶다

눈만 뜨면 함께 뛰어놀던 또래 친구들인
동네 개구쟁이들도 만나고 싶다

개울이나 논의 얼음판 위에서 온종일 신나게 놀며
화톳불에 옷을 태워도 두려움 없이 천진난만하게 웃던
그 시절이 그립다

땅거미가 뉘엿뉘엿 지는 저녁이 되면
엄마의 불호령에 불려 들어가 혼나던 시절도 그립다

윗목의 물그릇이 밤새 꽁꽁 어는
문풍지 펄럭이던 방안에서
어린 형제들이 꼭 껴안은 이불 속에 폭 덮여 자고 싶다

한때 가난이 너무 싫어 지우고 싶은 기억들이
낡은 흑백사진 되어 기억 한켠에서 꾸물거린다

보고픔과 그리움 되었던 어릴 적 살던 고향에
우연을 핑계로 그곳에 다시 와 살며 마음을 달랜다

하모니카 소리

꼭, 화려하게 활짝 핀 꽃을 보려고
발길을 멈췄다고 단정하지 마세요

실은 바람이 전하는 소리에
가던 발걸음 잠시 멈췄을 뿐이어요

귓전
은은하게 마음을 빼앗는
하모니카 선율에 나는
지그시 눈을
감습니다

이유 없는
그리움과 보고픔이
가슴속 깊이
싸하게 밀려오기 때문입니다

남아있는 것들

변하지 않고 영원히
곁에 있을 줄 알았던
모든 것들

봄·여름·가을·겨울
4계절이 셀 수 없이 돌고 돌아
삶이 느슨해질 즈음

무심한 세월의 바람에
하나둘 흩날리고
사라지는 것을 보면서

남아 있는 것들을
손가락으로
꼽아본다

새해

아픔이 치유되고
고통이 사라지고
웃음이 가득하고
기쁨이 넘치도록

해야 힘차게 솟아올라라!

겨울 감성

환한 시끄러움보다
어둡고 긴 침묵을 좋아하며

황량한 대지를
말없이 하얀 손으로 감싸 주고

도도한 저 강물이 멈춰서고
살아있는 모든 것에 안식을 주며

고장 난 시계처럼
느림과 멈춤의 시간들

따듯한 커피 한 잔에 낡은 추억을 떠올리며
손 시리고 가슴 시린 겨울날 오후

어릴 적 같이 놀던
동네 아이들이 보고 싶다

어릴 적 살던 집

학창 시절 수업 시간에 선생님 말씀 잘 듣고
머릿속에 꼭꼭 갈무리해 두었다가 시험지 받아 들면
막힘없이 줄줄 써 내려가는 것만 기억인 줄 알았다
오랜 세월 지난 뒤 가물거리는 아득한 옛 생각이
떠오를 때 가슴 미어지는 아픔으로 채색된
기억도 있다는 걸 알았다

내 기억의 창고엔 아름답고 즐거운 것보다는
아프고 아린 추억의 조각이 웅크리고 앉아
떠나지 못하고 아직도 머물러 있는 것이 더 많다
난 어쩌면 아픔을 가슴에 삭이며
안 그런 척 내숭 떨면서 두 맘을 품고
사는 것에 익숙해진 건 아닐까?

그리움과 호기심이 생긴 어느 날
태어나 어린 시절을 보낸 추억 속의 집을 찾아갔다
바람이라도 불면 쓰러질 듯한 낡은 집
빈집이 되어버린 초라한 모습
50년 전 세월을 빛바랜 파노라마로 펼쳐보니
혼란스러움 그 자체다

6부

그래도 못다 한 말

지금은

당신이 오신다기에

꽃을 활짝 피웠습니다

첫눈

떠올리면 보고 싶고
바라보면 황홀하네

이제나저제나
오매불망 기다린 시간

때 이른 아침
창밖에 비친 나의 마음

반가워 황급히 대문을 나서보니
간밤에 다녀간 너의 향기가
앞마당에 하얗게 쌓여있네

아침 해 1

날마다

밤이 온다는 것은
네가 없기 때문이고

새벽이 온다는 것은
네가 오고 있기 때문이며

아침이 온다는 것은
네가 왔기 때문이다

아침 해 2

내가 아침에
일어나는 이유는

오늘 하루도
살아갈 수 있는 이유는

또 내일도
살아가야 한다는 이유는

네가 아침마다
정열적으로 떠오르기 때문이다

구름

비 오는 날
공중에서의 추락으로
길 위 웅덩이에 갇힌 나

무심한 발길에 짓밟히고
채이며 구박 받아온 세월

서러움에 간간이 눈물 훔치며
행복했던 옛 시절의 영광 못 잊어

태양이 온 대지를 적시는 따스한 봄날
나는 다시 안개되어 비상하리

흙

공원에 피어있는 예쁜 장미와
들판에 누렇게 익은 벼 이삭
그리고 숲속의 나무들

차가운 계곡물 속 산천어와
바다의 재롱둥이 돌고래
또한 도시의 빌딩 숲속 인간들

다들 보면
나름 특별나게 태어나
자신들의 방식대로 살아간다

가까이 보면
이들의 모든 삶은
흙을 밟고 땅에서 태어나
흙과 함께 지낸다는 것이다

가장 중요한 것은
생명 다하는 그날 누구나
흙으로 돌아간다는 진리이다

마음 가는 대로

살다 보면 참 잘한 일인 줄 알았는데
돌아보면 마음에 차지 않을 때가 있고

어느 때는 그냥 무심히 했을 뿐인데
일이 잘 풀려 의외로 대만족일 때가 있다

애써 골머리 쓰지 않고
그냥 마음이 가는 대로
살아가는 것도 삶의 묘수가 될 듯싶다

꼭 말을 해야 하나요

고맙습니다
말하고 싶은데 안 나옵니다

좋아합니다
말하고 싶은데 정말 부끄럽습니다

사랑합니다
말하고 싶은데 차마 입이 떨어지지 않습니다

숙맥이고
바보 같아 그렇습니다

해바라기 들판

그대가
얘기하고
좋아하고
그리워하고
사랑하고
보고 싶어 하고
가고 싶어 하는
들판입니다

당신 생각

홀로
산길을 걸어갑니다
한참을 걸어갑니다
가다 보면
이 생각 저 생각이 납니다
그중에 팔 할은
당신 생각입니다

기다림은

희망이 있다는 것이고
살아갈 이유가 있다는 것이고
살 수 있다는 것이고
살아야 된다는 것이다

나를 생각하고
나를 보고 싶어 하고
나를 만나고 싶어 하고
나에게 시간을 투자하고 싶은
누군가가 있다는 것이다

사랑은

네가
좋아하고
신나하고
즐거워하고
괜찮아하고
편안해하고
마음에 들어 하면
나도 그런 것이다

내가 부탁하고 싶은 것은

너에게 꼭 부탁하고 싶은 것은
무엇을 도와 달라는 것도 아니고

그저
잘 살아라 하는 말뿐이다

동그라미

오늘 하루를 살다 보니
내일이라는 하루가 기다립니다

내일이라는 하루를 맞이하니
또 하루가 기다립니다

나는 그렇게 하루라는 점을 따라
동그라미를 그리면서 살아갑니다

두 생각

내 생각만으로 움직이면
토닥거림과 부대낌이 없긴 하지만
결과는 보잘것없고

네 생각대로 움직여도
만족이 없는 건
마찬가지고

서로 배려해
내 생각 네 생각을 합쳐야
너도 만족 나도 만족

그런 사람

네가 즐거워하는 모습에
나 덩달아 즐겁고

네가 좋아하는 모습에
나 바라만 봐도 기분 좋고

네가 행복해하는 모습에
나 더 바랄 것이 없다

이유

게으르다는 것은
삶의 열정이 식었다는 것이고

주변이 정갈하지 못하다는 것은
한 곳에만 관심 두는 삶을 살기 때문이고

친절을 베풀지 못한다는 것은
진정성이 모자라기 때문이고

불편한 관계라는 것은
마음을 열지 않기 때문이며

말하고 싶지 않은 것은
신뢰가 없어졌기 때문이다

참 좋다

사람, 자동차, 빌딩 숲의
숨이 턱턱 막히는 도시를 벗어나

코스모스 꽃길을 걷다 보면
귓전에 뻐꾹거리는 뻐꾸기 소리 정답고

푸른 바다를 쏟아 놓은 하늘 아래
온통 가을빛으로 물드는 들판

모두가 가슴 벅찬 감동이 가득
이곳에 오니 참 좋다

산

누가 오라고도
부르지도 않는다

가는 길이 험해
힘들 때도 있다

그래도 꼭
가야만 하는 것은

그곳에 삶의 휴식이
있기 때문이다

아름다움이란

거친 들에 스스로 피는 들꽃처럼
가식이 있어도 안 되고
거짓이 있어도 안 되며
오직 자연스레 마음이 먼저 가는 것이다

아무리 들어도 질리지 않으며
아무리 보아도 싫증 나지 않으며
아무리 많은 세월이 흘러도
낡아 보이지 않는 것이다

둘의 이유

처음 한동안은
편하고 좋았습니다

시간이 흐를수록
심심하고 외롭습니다

그래서
하나가 아니라
둘 이여야 합니다

나의 소망

욕심이 많습니다
엄청 많습니다
옛날에는요

욕심이 없습니다
엄청 없습니다
지금은요

왜냐구요?
살다 보니
부질없는 일이어서
다 버렸어요
욕심을요

그렇지만
하나만은 남겨두었어요
예쁜 마음 하나 갖겠다는
욕심을요

이제는 그런 마음으로
살렵니다

꽃을 피우는 이유

처음에는
외로움이 움트기에
꽃을 심었습니다

그다음은
당신이 생각날 때마다
꽃을 가꾸었습니다

지금은
당신이 오신다기에
꽃을 활짝 피웠습니다

모자

거울을 바라보다
눈에 띄는 나이테 하나

벽에 걸린 중절모
갈등하는 나

불혹不惑의 마음
이순耳順의 현실

| 해설 |

흔들림 속에서 빛나는 삶의 지혜

손근호(시인·평론가)

　김억수 시인은 인간 삶의 본질을 탐구하는 깊이 있는 시 세계를 보여준다. 시인은 자연, 가족, 사랑, 삶의 진리에 대한 통찰, 그리고 잠언적 교훈을 통해 독자들에게 삶을 성찰할 기회를 제공한다. 이러한 주제들은 절제되고 균형 잡힌 표현 속에서 자족적인 동양사상의 기반 위에 놓이며, 순수하고 쉬운 언어로 독자들에게 친숙하게 다가간다.
　시인은 가족을 단순한 혈연 공동체가 아닌 구원의 공간으로 제시하며, 사랑과 희생, 기억을 통해 지속되는 관계로 바라본다. 이는 독자들로 하여금 자신의 가족을 돌아보게 하며, 문학이 가진 정서적 치유의 힘을 보여준다. 따라서 인간의 보편적 감정을 자연스럽게 형상화하고, 이를 통해 삶의 의미를 재조명한다는 점에 시인의 문학적 의의가 있다.
　삶의 균형과 만족을 강조하는 시인의 태도는 도덕경에서 말하는 '지족知足'과도 맞닿아 있다. 지나친 욕망을 경계하고, 현재에 만족하는 삶의 태도를 자연의 흐름과 연결 짓는다. 이러한 메시지는 현대를 살아가는 독자들에게 삶의 태도를 성찰하게 하며, 자연과의 조화를 통해 얻을 수 있는 평온함을 일깨운다.

또한, 중용의 미학을 구현하는 방식도 인상적이다. 삶의 덜컹거림 속에서도 균형을 찾으려는 태도를 강조하며, 지나친 집착과 강박에서 벗어나 자연스러운 흐름을 받아들이도록 권유한다. 아울러, 자연의 순환 속에서 인생의 의미를 성찰하는 시인의 시각은 우리에게 변화를 긍정적으로 받아들이는 태도를 가르쳐 준다. 계절의 흐름 속에서 삶의 희로애락을 담아내고, 씨앗의 성상을 사랑과 연결 짓는 방식은 시적 감수성을 더욱 깊이 있게 만든다.

다음의 다섯 가지 키워드로 시집 『살아있다는 하나만으로도』를 살펴보고자 한다.

1. 가족이라는 구원의 공간 : 사랑과 기억의 형상화

가족은 인간에게 가장 근원적이며 본질적인 관계망을 형성하며, 삶의 모든 순간을 함께 나누는 존재다. 니체의 "인간은 하나의 다리를 놓으며 존재한다"고 말했다. 부모와 자식, 부부라는 관계 속에서 우리는 서로를 지탱하며 미래를 향해 나아가기 때문이다.

또한 마르셀 프루스트의 "사랑은 우리가 그것을 주는 순간에 가장 완벽해진다"는 말처럼, 시인은 작품 안에서 사랑이란 것이 말로만이 아니라 행동 속에서 완성됨을 주고 있다. 이렇듯, 시인은 가족을 단순한 혈연 공동체가 아닌 구원의 장으로 바라보며, 삶의 험난한 여정 속에서도 서로를 지지하고 함께 걸어가는 모습으로 형상화한다.

「부부」에서는 사랑으로 맺어진 두 사람이 "가보지 않은 길을 함께 나서는" 존재로 그려진다. 이는 부부라는 관계가 단순히 결합이 아닌 동반자의 의미를 지니며, 어려움을 함께 헤쳐 나가는 공동체임을 보여준다. 또, 「아버지의 기억」에서는 자식을 향한 아버지의 헌신과 사랑이 도시락이라는 구체적인 장면 속에서 형상화되며, 가족의 의미가 희생과 돌봄 속에서 더욱 깊어진다.

그리고 「보고픈 당신」은 세월이 지나도 변하지 않는 어머니의 사랑을 강조하며, 어머니는 영원한 안식처이자 회귀하고 싶은 본향으로 제시된다. 또한, 「길이 되는 사람」은 부모와 자식이 서로 역할을 바꿔가며 길을 동행하는 모습 속에서, 가족이란 결국 서로를 의지하며 나아가는 존재임을 강조한다.

시인에게 있어 사랑은 직접적인 표현이 아니라 구체적인 행위와 기억을 통해 형상화된다. "가시덤불 길을 함께 헤쳐 가는" 것으로 표현되며(「부부」), 이는 희생적이고 현실적인 사랑의 모습을 보여준다. 또는, 점심 도시락 속의 "계란프라이"라는 구체적인 이미지로 아버지의 사랑이 대변되는가 하면(「아버지의 기억」), 어머니의 사랑을 "눈에 넣어도 아프지 않은" 것으로 표현하면서(「보고픈 당신」) 무조건적이고 절대적인 사랑의 의미를 강조하기도 한다.

시인은 무엇보다 가족을 통한 구원의 가능성을 탐색한다. 가족은 단순한 혈연이 아니라, 사랑과 희생, 기억을 통해 지속되는 관계이기 때문이다. 그러한 가족의 본질을 따뜻한 시선으로 조망하며, 독자로 하여금 자신의 가족을 돌아보게 만드는 힘을 보여준다는 점에서 문학적 의의가 크다고 할 것이다.

2. 삶의 균형과 만족에 대한 성찰

노자는 『도덕경』에서 "만족할 줄 알면 욕됨이 없다知足不辱"고

하여, 지나친 욕심을 경계하고 현재에 만족하는 삶의 태도를 강조했다. 시인은 인간의 삶에서 균형과 만족의 중요성을 강조한다.

이는 시들에서 지나친 욕망을 경계하고, 삶의 자연스러운 흐름을 받아들이며, 차이를 인정하고 조화를 이루는 태도를 권유하는 방식으로 나타난다. 이러한 관점을 통해 시인은 우리에게 삶의 태도에 대한 깊은 성찰을 요구한다.

시인에게 있어 삶이란 동행의 의미를 갖고 서로의 부족함을 채워가는 과정이다. 「가득 채우시 마세요」에서는 물이 넘쳐흐르는 장면을 통해 욕망을 가득 채우려는 태도의 위험성을 경고한다. 인간은 더 많은 것을 원하지만, 그 끝은 후회로 이어질 가능성이 크다는 점을 강조하며 만족의 미덕을 일깨운다.

또, 「살아있다는 하나만으로도」에서는 벚꽃과 목련의 대비를 통해 생명의 소중함을 표현하며, 삶이 힘들지만 그럼에도 살아있다는 것 자체가 감사할 이유가 된다고 말한다. 또한, 「차이의 인정」에서는 세상의 다양한 존재들이 각자의 가치와 역할을 가지고 있음을 보여주며, 타인을 인정하고 서로의 부족함을 채우는 것이야말로 삶의 중요한 이유임을 시사한다.

주제를 형상화하는 방식도 자연을 비유하여 인간의 삶을 조명하는 부분이 탁월하다. 「가득 채우지 마세요」는 컵과 물을 활용하여 넘침의 위험성을 시각적으로 보여준다. 또 시집 제목과 동일한 제목의 시인 「살아있다는 하나만으로도」에서는 꽃과 계절의 변화를 통해 삶의 희로애락을 담아내며, 「차이의 인정」에서는 다양한 식물과 인간관계를 통해 개별성의 가치를 강조한다. 이러한 방식은 독자가 자연스러운 이미지를 떠올리면서 메시지를 쉽게 받아들이도록 하려는 시인의 의도와 특별한 표현법이다.

덧붙여 시인이 주제를 구현함에 있어 두 가지 독특한 방식을 사용하는데, 이는 다음과 같다.

첫째, 구체적인 사물을 활용한 직유와 은유가 사용된다. 일례로, 「가득 채우지 마세요」에서 컵에 담긴 물은 인간의 욕망을, 넘치는 물은 후회를 상징한다. 또, 「살아있다는 하나만으로도」에서 목련은 늦게 피어난 존재로 묘사되며, 이는 힘든 시간을 견디고 피어난 개인의 성취와 닮아 있다. 「차이의 인정」에서도 아카시아의 가시와 향기, 낙락장송의 푸르름과 송홧가루처럼 한 가지 속성이 아니라 복합적인 면모를 조명하는 방식으로 표현된다.

둘째, 대조와 반복을 활용해 강조하는 방식을 주로 사용한다. 「살아있다는 하나만으로도」에서는 벚꽃과 목련, 미세먼지와 바다의 밀물과 썰물 같은 요소들을 대비하여 삶의 다양한 국면을 보여준다. 「차이의 인정」에서는 잘난 사람과 못난 사람, 좋아하는 직업과 맞지 않는 직업을 반복적으로 대비하며 차이에 대한 이해를 강조한다. 앞서 언급한 장자는 모든 존재가 나름의 가치를 지닌다고 보았는데, 이는 「차이의 인정」에서 말하는 다양성의 수용과 일맥상통한다.

이처럼, 시인이 강조하는 삶의 균형, 만족, 차이의 인정과 같은 가장 기본적인 삶의 양식들을 자연과 인간의 삶에 빗대어 표현하면서도, 공통된 철학적 맥락 속에서 깊이 있는 사색을 유도한다는 점이 매우 특징적으로 보인다.

3. 중용의 미학 : 흔들리는 삶 속의 균형

삶은 덜컹거린다. 하지만 그 덜컹거림 속에서도 균형을 찾고자 하는 노력이 필요하다. 앞서 정리한 '가족'이나 '삶의 균형'과 같은 이 시집의 키워드와 연결선 상에서 시인은 '중용中庸'이란 개념을 시의 언어로 확장하는 면모도 보여준다.

즉, 삶의 흔들림과 고요함의 균형을 이루려는 태도이다. 특히, 「너무 열심히 살지 마라」, 「성공으로 가는 길은 공사 중이다」, 「인생은 덜컹거리며 사는 거다」라는 시들은 공통적으로 지나치게 치우치지 않는 삶의 태도를 강조하며, 독자들에게 삶을 대하는 태도에 대한 성찰을 유도한다.

이 시들은 인생의 혼란과 고요가 균형을 이루는 방식에 대해 탐구한다. 「너무 열심히 살지 마라」에서 보이는 지나친 노력에 대한 반성은 현대인의 강박적인 삶에 대한 비판적 시선으로 읽힌다. 세월이 지나고 나서야 깨닫게 되는 삶의 허무함, 지나치게 애쓰지 않아도 인생이 흘러간다는 사실은 자연스러운 균형을 찾는 과정과 닿아 있다. 또, 「성공으로 가는 길은 공사 중이다」에서는 인생의 여정이 끊임없이 변화하고, 완성되지 않은 채로 진행됨을 표현한다. 이러한 변화 속에서도 우리는 균형을 찾고 나아가야 한다.

이러한 주제는 구체적인 형상화 방식을 통해 더욱 설득력 있게 전달된다. 각 시에서는 도로 공사, 발걸음, 짐을 지는 행위 등의 구체적인 이미지가 사용된다. 「성공으로 가는 길은 공사 중이다」에서는 인생을 도로 공사에 빗댄다. 길이 넓혀지고, 다시 파헤쳐지는 반복적인 과정은 인생의 굴곡을 보여주는 상징적 표현이다.

또, 「너무 열심히 살지 마라」에서는 오버하는 삶을 돌아보는 후회의 순간을 담담하게 표현하며, 「인생은 덜컹거리며 사는 거다」에서는 삶의 흔들림을 포용해야 한다는 메시지를 덜컹거리는 움직임에 빗대어 형상화한다.

절제와 균형이 돋보이는 표현력도 시인에게 있어 매우 개성적인 부분이다. 화자의 과장된 감정 표현보다는 담담한 어조로 독자에게 다가가기 때문이다. 특히 「너무 열심히 살지 마라」에서 보이는 직설적인 문장들은 지나치게 노력하는 삶을 경계하게 만들고, 「성공으로 가는 길은 공사 중이다」에서는 도로 공사의 과정을 설명하면서도 삶에 대한 성찰을 자연스럽게 유도한다. 「인생은 덜컹거리며 사는 거다」에서는 반복적인 삶의 모습을 나열하는 방식으로 보편성을 강조한다. 이러한 방식은 독자로 하여금 자신의 삶을 되돌아보게 하며, 공감대를 형성하는 데 기여한다.

시인이 중년에 들어 깨닫게 되는 인생철학을 담고 있는 시들이 많다. 너무 애쓰지 않아도 결국 인생은 굴러간다는 사실, 그리고 덜컹거림 속에서도 의미를 찾을 수 있다는 깨달음이 핵심 메시지이다. 앞서 언급한 공자의 "과유불급過猶不及"의 의미처럼, 지나친 것은 모자란 것과 같으며, 너무 애쓰는 삶이 오히려 불행을 초래할 수도 있음을 이 시들은 조용히 일깨운다.

마르쿠스 아우렐리우스는 "삶은 우리가 생각하는 것보다 더 단순하다"고 했고, 헤르만 헤세는 "삶은 흔들리지만, 결국 그 흔들림 속에서 우리는 살아간다"고 말했다. 시인은 이러한 철학적 사유를 담아 자신의 언어로 펼쳐놓음으로써 우리에게 삶의 조화로운 균형을 고민하게 만든다는 점에서 각성의 시 세계를 보여준다.

4. 자연의 순환과 그 속에서 얻는 인생의 의미

자연은 끊임없이 변화하며 순환한다. 이러한 순환의 의미는 우리의 삶에도 깊은 깨달음을 준다. 이런 점에서 세 편의 시, 「약속」, 「봄은 당신 때문에 왔습니다」, 「가을에는」 등은 자연의 순환을 통해 인생의 본질과 성장을 성찰하는 작품이다. 이 시들은 계절의 변화 속에서 자연이 우리에게 전하는 가르침을 조명하며, 결국 인간 삶의 의미를 탐구하는 데 이른다.

시인이 자연의 순환에서 얻는 인생의 의미는 '변화와 지속성의 공존'이다. 「약속」에서는 뜨거운 여름이 지나가고 가을이 찾아오는 모습을 통해, 시련이 지나가면 새로운 계절이 찾아온다는 깨달음을 준다. 이는 인생에서 어려운 시기가 찾아오더라도 결국 새로운 기회와 희망이 온다는 사실을 암시한다. 또한, 「봄은 당신 때문에 왔습니다」에서는 작은 씨앗이 뿌리를 내리고 성장하여 꽃을 피우는 과정이 묘사된다. 이 과정은 단순한 자연의 변화가 아니라, 삶 속에서 노력이 결실을 맺는다는 교훈을 내포한다.

아울러, 「가을에는」은 가을의 풍요와 감성을 강조하며, 수확의 기쁨과 동시에 다가올 겨울에 대한 아쉬움을 담고 있다. 가을의 아름다움과 감동을 통해, 인생의 한 시기가 무르익을 때 비로소 삶의 깊은 의미를 깨닫게 된다는 점을 전달한다. 특히 이 작품은 앙리 베르그송Henri Bergson의 "시간은 흐르는 것이 아니라 쌓이는 것이다."라는 말처럼 가을의 감성과 맞닿아 있다. 가을이 단순히 지나가는 계절이 아니라, 우리의 삶 속에서 경험과 감정을 축적하는 시기라는 점에서 공감대를 형성하기 때문이다.

시인은 이런 주제를 형상화하기 위해 시에서 자연을 매개로 활용한다. 「약속」에서는 계절의 변화를 '약속'이라는 개념으로 비유하여, 자연의 순환이 마치 필연적인 약속처럼 이루어진다는 점을 강조한다. 「봄은 당신 때문에 왔습니다」는 씨앗이 자라 꽃을 피우는 과정을 사랑의 형성과 연결 지으며, 인생의 과정이 자연과 닮아 있음을 보여준다. 그리고 「가을에는」에서는 가을의 감성이 인생의 깊이와 연결되며, 삶의 성숙함과 회상을 유도한다.

앞서 정리한 바와 같이 절제와 균형이라는 시인이 추구하는 표현법 이외에도 자연의 요소를 통해 삶의 의미를 직관적으로 전달하는 특징도 보인다. 「봄은 당신 때문에 왔습니다」에서 씨앗이 땅에 뿌리를 내리고, 봄비가 생명을 불어넣는 과정은 인간의 관계 속에서 사랑이 자라고 완성되는 모습을 닮았다. 또, 「가을에는」에서는 가을의 단풍, 수확, 억새풀, 철새 등의 자연적 요소가 인간의 감정과 결부되어, 가을이 단순한 계절이 아니라 삶의 한 순간으로 형상화된다. 이러한 방식은 독자가 자연을 바라보며 자신의 삶을 되돌아보게 만드는 효과를 가진다.

긍정의 발상을 기반으로 시상이 전환되는 점도 김 시인의 특징으로 보인다. 다가올 계절과의 약속을 지킨다는 깨달음이 궁극적으로 변화 속에서도 지속되는 희망을 의미하는 점이나, 사랑과 삶이 저절로 이루어지는 것이 아니라 노력과 정성이 필요하다는 사실을 강조하며 보다 적극적인 삶의 태도를 지지하는 점, 또는 비록 가을이 지나고 허전함이 남을지라도, 이를 통해 더 깊은 성찰과 새로운 희망을 품을 수 있다는 메시지를 전하는 점 등이 그렇다.

이러한 자연의 순환을 통한 삶의 철학적 의미는 "자연은 나의 스승이다"라는 부제처럼 자연을 통해 인생을 배우는 태도를 보여준다. 계절이 변화하는 모습 속에서 인간은 희망을 얻고, 노력의 가치를 깨닫고, 감정을 성찰하며 성장하기 때문이다.

5. 치유로서의 그리움과 깨달음의 인생 법칙

시인은 시의 언어로 철학을 구현하는, 그야말로 확장성의 폭이 넓은 사람이다. 왜냐하면 자신의 과거에 대한 그리움과 현재의 깨달음을 통해 삶의 본질을 탐구하면서 이를 통해 독자에게 치유와 평온을 선사하기 때문이다.

니체는 '기억이란 인간을 단련시키는 도구'라고 말하며 과거의 경험이 현재의 성장을 돕는다는 점을 강조했다. 이는 「미련」과 「겨울 감성」에서 나타나는 그리움이나 치유의 개념과 일맥상통한다. 법정 스님은 무소유를 강조하며 불필요한 욕망을 버릴 때 진정한 자유를 얻을 수 있다고 말했는데, 「나의 소망」에서 욕심을 버리고 내면의 평온을 찾는 과정은 이러한 무소유 사상과 맞닿아 있다고 볼 수 있다. 또, 장자는 자연과 인간이 조화를 이루며 삶을 있는 그대로 받아들이는 태도를 강조한 바 있는데, 이는 「흙」에서 삶과 죽음이 순환한다는 점을 자연의 법칙으로 받아들이는 모습으로 구현되고 있다.

단, 시인이 생각하는 그리움은 단순한 회상이 아니라 삶의 의미를 되새기고 현재를 풍요롭게 하는 원동력으로 작용한다는 점에서 의미를 갖는다. 동시에 무욕은 인생의 궁극적인 지혜로 자리 잡으며, 시적 화자는 삶을 통해 점차 욕망을 버리고 본질적인 가치에 집중하는 태도를 보인다.

구체적으로 살펴보면, 「미련」과 「겨울 감성」은 어린 시절의 기억을 떠올리며 그리움을 주제로 삼고 있다. 「미련」에서는 눈 내리는 겨울날 고향과 동심을 떠올리며, 과거의 가난했던 기억조차 이제는 소중하게 여겨진다. 이는 단순한 회상이 아니라 현재를 치유하는 요소로 작용한다. "보고픔과 그리움 되었던 어릴 적 살던 고향에/ 우연을 핑계로 그곳에 다시 와 살며 마음을 달랜다"라는 문장은 그리움이 단순한 감정적 반응이 아니라 현실 속에서 실천되고 있는 삶의 일부임을 보여준다.

「겨울 감성」에서는 "환한 시끄러움보다/ 어둡고 긴 침묵을 좋아하며"라는 구절을 통해 시적 화자가 내면적 평온을 찾고 있음을 알 수 있다. 과거의 동네 아이들을 그리워하는 마음은 단순한 아쉬움이 아니라, 과거의 따뜻한 기억이 현재를 살아가는 힘이 됨을 시사한다.

한편, 「흙」과 「나의 소망」은 자연의 법칙과 삶의 진리를 깨달아가는 과정에 초점을 맞춘다. 「흙」에서는 생명체들이 저마다 다른 방식으로 살아가지만 결국 흙에서 나와 흙으로 돌아간다는 점을 강조한다. "가장 중요한 것은/ 생명 다하는 그날 누구나/ 흙으로 돌아간다는 진리이다"라는 문장은 삶과 죽음의 순환을 자연의 이치로 받아들이는 화자의 태도를 보여준다. 이는 동양 철학에서 말하는 무상無常의 개념과도 연결된다.

「나의 소망」에서는 "욕심이 많습니다/ 엄청 많습니다/ 옛날에는요"로 시작하여, 점차 욕망을 버리고 본질적인 삶의 태도를 찾는 과정을 보여준다. "예쁜 마음 하나 갖겠다는/ 욕심을요"라는 마지막 구절은, 무소유를 강조했던 법정 스님의 사상과 유사하다. 모든 것을 버렸지만 마지막으로 남긴 것은 '선한 마음'이라는 점에서, 삶의 궁극적인 가치는 외적인 것이 아니라 내면적 성장에 있음을 시사한다.

주제를 형상화 방식에 있어서 시인은 감각적 이미지와 자연물을 최대한 활용한다. '함박눈', '얼음판', '논', '눈썰매' 등의 시어를 통해 차가운 겨울 속에서도 따뜻했던 기억을 환기하는가 하면, '장미', '벼 이삭', '산천어', '돌고래' 등의 자연물을 등장시켜 인간과 자연의 공통된 생명 순환을 강조하기도 하기 때문이다. 이는 자연 친화적인 세계관을 드러내며, 환경과 인간의 관계에 대한 철학적 메시지를 전달한다.

이처럼, 시인은 그리움을 통한 치유, 그리고 인생을 통해 터득한 깨달음을 중심으로 하나의 큰 맥락으로 끌고 가는 창작의 힘을 보여준다. 시적 화자는 과거를 단순한 회상이 아니라 현재의 의미를 찾는 과정으로 활용하며, 욕망을 버리는 삶의 자세를 통해 궁극적인 평온을 찾는 과정에 있다. 이를 통해 시인은 독자들에게 따뜻한 위로와 깊은 사유의 기회를 제공해 준다.

김억수 시인의 시 세계는 절제된 언어 속에서 깊은 철학적 사유를 담아낸다. 이는 독자들에게 직접적인 메시지를 강요하기보다는 자연스러운 깨달음을 제공하는 방식으로 다가온다. 그의 시는 단순한 언어 속에 깊은 사색을 담아내며, 누구나 쉽게 공감할 수 있는 친근한 감성을 유지한다. 이러한 점에서 그의 작품은 한국 문학에서 중요한 위치를 차지하며, 삶을 긍정적으로 바라보도록 돕는 귀중한 문학적 유산으로 남을 것이다.

'삶은 흔들리지만, 결국 그 흔들림 속에서 우리는 살아간다.'

헤르만 헤세의 이 말처럼, 김억수 시인의 시는 흔들리는 삶 속에서도 균형과 의미를 찾아가는 여정을 우리에게 보여준다. 그의 시집은 난순한 시 노음이 아니라, 톡사틀에에 삶의 시혜와 싱살을 제공하는 소중한 길잡이가 될 것이다.

그림과책 시선 324

살아있다는 하나만으로도

초판 1쇄 발행일 _ 2025년 5월 30일

지은이 _ 김억수
펴낸이 _ 손근호

펴낸곳 _ 도서출판 그림과책
출판등록 2003년 5월 12일 제300-2003-87호

03924 서울특별시 마포구 월드컵북로54길 17 821호
　　　(상암동, 사보이시티디엠씨)
　　　도서출판 그림과책
전화 (02)720-9875, 2987 _ 팩스 (02)720-4389
도서출판 그림과책 homepage _ www.sisamundan.co.kr
후원 _ 월간 시사문단(www.sisamundan.co.kr)
E-mail _ munhak@sisamundan.co.kr

ISBN 979-11-93560-31-0 (03810)

값 12,000원

이 책의 판권은 지은이와 그림과책에 있습니다.
잘못된 책은 교환해 드립니다.